Gute Geschichten bessern die Welt.

Mikayla Weiland

Flügelschläge der Erinnerung

story.one – Life is a story

schreib's auf
story.one

FSC
www.fsc.org
MIX
Papier aus verantwortungsvollen Quellen
Paper from responsible sources
FSC® C105338

1. Auflage 2023

Herstellung, Gestaltung und Konzeption:
Verlag story.one publishing - www.story.one
Eine Marke der Storylution GmbH

Gesetzt aus Crimson Text und Lato.

Printed in the European Union.

ISBN: 978-3-7108-2112-7

„Sie bleiben, wenn alles andere vergeht.
Sie sind der Beweis, dass wir geweint,
gelacht, geliebt und gelebt haben."

INHALT

Leinwand des Lebens

Ich liege auf dem kalten, nassen Asphalt und spüre, wie mein Herz gleichmäßig in meiner Brust schlägt. Meine Finger gleiten über die zahlreichen Steine, die in den harten Boden gepresst sind. Eine kühle Brise weht mir ins Gesicht und trägt den Duft von Regen mit sich. Während ich versuche, die Sterne am Nachthimmel zu zählen, höre ich in der Ferne eine Eule. Ich strecke meinen Arm in die Luft und male mir die Sternbilder in Gedanken aus. Obwohl die Himmelskörper 40 Billionen Kilometer entfernt sind, scheinen sie so nah.

In diesem Moment frage ich mich, wozu unser menschliches Dasein dient. Was ist der Sinn, in einer Hülle zu stecken, die weder unsterblich noch unverwundbar ist? Warum scheint unser Geist grenzenlos und für immer jung zu bleiben, während der Körper immer weiter altert und schließlich zerfällt? Was ist der Sinn von all dem? Gibt es überhaupt einen Sinn?

Ohne die Existenz unseres Körpers könnten unsere Seelen nicht die Welt mit all ihren Facetten erfahren. Sie würden nicht das Gefühl kennen, barfuß am Meer zu laufen und den Sand zwischen den Zehen zu spüren. Das Herzklopfen, wenn man einen Menschen zum ersten Mal berührt. Wie es ist, nach einer langen Reise wieder nach Hause zukommen. Sich in etwas oder jemanden zu verlieren. Jemanden wiederzusehen, den man schmerzlichst vermisst hat. Sich selbst in den Augen eines anderen wiederzuerkennen.

Eine Seele würde auch das Adrenalin nicht kennen, das vor einer aufregenden Situation durch den Körper jagt. Die Erleichterung, die einen erlöst, wenn man sich einer Angst endlich gestellt hat. Das Gefühl tiefer Verbundenheit und Nähe, wenn man einen geliebten Menschen oder ein Tier ansieht. Wie es sich anfühlt, an Weihnachten mit der Familie zusammenzusitzen und einander alte Geschichten zu erzählen. Andere Menschen lachen und weinen zu sehen. Mit den besten Freunden Auto zu fahren und laut zur Lieblingsmusik mitzusingen. Etwas mit den eigenen Händen erschafft zu haben. In Momenten so vertieft zu sein, dass die Welt um einen herum verblasst.

Seelen würden aber auch nicht den Schmerz

in der Brust kennen, den man spürt, wenn man jemanden leiden sieht – jemanden, der einem viel bedeutet. Wie es ist, in ein tiefes Loch zu fallen, weil man plötzlich ohne denjenigen leben muss. Wie schwer es ist, Abschied zu nehmen. Und wie schmerzliche und schöne Erinnerungen einen verfolgen und immer noch prägen können. Selbst nach vielen Jahren.

Es gibt so viel Schlimmes auf der Welt. So viel Grausamkeit. So viel Ungerechtigkeit. Doch parallel dazu existieren so viele Dinge, die der dunklen Leinwand des Lebens Farbe und Kontraste verleihen. Und selbst wenn sich nicht jede Erfahrung gut anfühlt, würde ich die Chance, die Welt mit all ihren Unvollkommenheiten und Überraschungen zu erfahren, nie missen wollen.

Ein Erklärungsversuch

Ich weiß nicht, ob es so etwas wie Schicksal oder Vorbestimmungen gibt. Um ehrlich zu sein, weiß ich fast gar nichts. Mein Wissen beschränkt sich auf die Filter, durch die ich meinen kleinen Teil der Welt wahrnehme. Doch trotzdem suche ich nach Begründungen. Ständig versuchen wir alles zu erklären und einzuordnen: die Entstehung der Welt, das Universum, die Liebe, das Leben. Wir glauben, dass wir nur genügend Statistiken erheben müssen, um Klarheit zu bekommen. Wir denken, dass das, was wir berechnen und greifen können, der Wahrheit entspricht – und ignorieren oft das, was wir nicht mit unseren Sinnen wahrnehmen können.

Es gibt Momente im Leben, die mich eines Besseren belehrt haben. Begegnungen und Ereignisse, die mehr als nur Zufälle sind. Menschen, mit denen ich mich auf unerklärlicherweise verbunden fühle. Allein ein Spaziergang reicht manchmal aus, um mich daran zu erinnern, wie viel es noch zu begreifen gibt – und dass ich nur ein Teil von etwas Größerem bin. Während ich durch die Wälder, über Wiesen und entlang von

Bächen schlendere, wird mir immer wieder die unglaubliche Vielfalt an Pflanzen und Tieren mit ihren ganz individuellen Eigenheiten bewusst. Ich blicke auf die Blätter, durch die Sonnenstrahlen dringen und jede Blattader erkennbar machen. Ich sehe zu, wie Spinnen ihr Netz zwischen den Grashalmen spannen. All diese kleinen Details zeigen mir, wie lebendig und voller Möglichkeiten die Natur ist.

Wir richten unsere Aufmerksamkeit meist nur auf die Trennung zwischen uns und allem anderen. Wir haben gelernt, Dinge mit Bezeichnungen zu versehen und sie in Kategorien einzuordnen. Unser Verstand bevorzugt es, Einzelaspekte zu betrachten, ohne sie in ihrer Gesamtheit zu berücksichtigen. In der Natur gibt es jedoch keine solch stringenten Muster. Hier finden wir unendlich viele Zusammenhänge, welche uns zeigen, dass alles miteinander verbunden ist. So gehen Pilze und Bäume beispielsweise eine Mykorrhiza-Beziehung ein, bei der der Pilz der Baumwurzel Nährstoffe wie Phosphor und Stickstoff liefert, während der Baum Kohlenstoff zur Verfügung stellt. Dadurch erhält der Pilz kontinuierlich Nahrung, während der Baum von den Nährstoffen profitiert.

Alle Dinge in der Welt bestehen aus Atomen und Molekülen. Wir sind ein Teil eines großen magnetischen Feldes. Das Gesetz der Anziehung besagt, dass wir das in unserem Leben anziehen, was unserer eigenen Energiefrequenz ähnelt. Indem wir alle energetisch verbunden sind, beeinflussen wir auch durch unsere Gedanken, Worte und Handlungen die Welt um uns herum.

Könnte es sein, dass wir zu lange damit verbracht haben, Dinge zu unterscheiden und abzugrenzen, anstatt auf das zu schauen, was alles verbindet? Wenn wir erkennen, dass es mehr gibt als das, was wir sehen und anfassen können, entwickeln wir ein tieferes Verständnis für unsere Seele und unseren Platz in der Welt – und können somit wahre geistige Größe erreichen.

Insekten statt Barbies

Der feuerrote Käfer mit seinen schwarzen Punkten auf dem Rücken krabbelt meinen Finger hoch. Als Kind dachte ich immer, dass Feuerkäfer mit ihren zwei dunklen Flecken sehen könnten. Ihre Rückenzeichnung erinnerte mich an ein Gesicht – nur eben an der falschen Stelle des Körpers. Früher konnte ich stundenlang dabei zusehen, wie die Feuerkäfer ihren Tag verbrachten. Ich beobachtete sie, wie sie sich in der Sonne auf einem Stein drängten, wie sie alles, was ihnen in den Weg kam, mit ihren feinen Fühlern abtasteten. Ich ließ sie auf meiner Hand krabbeln, rettete sie aus Teichen und baute ihnen ein Zuhause aus Steinen und Zweigen, das sie aber nie benutzen wollten. Doch ich erinnere mich auch daran, dass sie einer der Gründe waren, warum ich ausgeschlossen wurde. Anstatt mit Barbiepuppen zu spielen, wollte ich die Natur sehen, Abenteuer erleben. Ich hatte keine Lust, stundenlang mit Lego oder Bauklötzen zu hantieren, während so viele unbekannte Welten nur einige Schritte entfernt warteten.

Ich laufe an meiner alten Grundschule vorbei.

Es gibt ein Foto von mir, auf dem ich mit einer großen Zahnlücke und einer Zuckertüte neben unserem damaligen Hund stehe. Ich war voller Vorfreude. Dies änderte sich allerdings schon an den ersten Schultagen. Es begann mit leichten Sticheleien einiger Schüler im Unterricht und endete mit täglichen Beleidigungen und Schubsen gegen Zäune auf dem Heimweg. Ich versuchte mich zurückzunehmen und mich anzupassen, in der Hoffnung, dann akzeptiert zu werden. Doch so sehr ich mich auch bemühte, ein Teil von mir sträubte sich immer dagegen. Ich war immer die Träumerin mit den verrückten Ideen und die Tollpatschige mit den zerzausten Haaren. Die beliebten Schüler zeigten kein Interesse an mir, außer wenn sie mir im Bus erklärten, dass ich nicht hinten bei den Coolen sitzen durfte.

Ich hatte oft Angst. Angst vor der Schule. Angst vor den Schülern. Angst, ich selbst zu sein. Doch gleichzeitig habe ich unendlich viel gelernt. Ich habe gelernt, dass es okay ist, andere Interessen zu haben und wie wichtig es ist, sich für sich selbst einzusetzen. Gelernt, dass es Menschen gibt, die mich so lieben, wie ich bin und diese in mein Leben gehören. Gelernt, dass es nicht einfach ist, sich selbst zu lieben, und dass es Zeit braucht, um dorthin zu kommen. Und ich habe realisiert, dass ich nicht perfekt sein muss, um gut genug zu sein. Ich habe falsche Freunde verloren und die richtigen gewonnen, wurde im Sportunterricht als letztes gewählt und habe im Deutschunterricht meine Liebe zum Schreiben entdeckt.

Lange Zeit habe ich mich verstellt, bis ich eines Tages verstand, dass ich nicht diejenige bin, die ein Problem hat. Jetzt weiß ich, dass ich mehr bin, als das, was andere von mir denken. Und wenn ich heute auf mein Leben und die Menschen in diesem blicke, weiß ich wieder, wer ich wirklich bin – und schon immer war.

Wildfire

Er sieht mich mit festen Augen an, drückt meine kleine Hand und verspricht mir, dass ich es schaffen werde. Dass alles gut wird und ich nur an mich glauben muss. Unsicher blicke ich zu ihm hoch, mein Körper angespannt vor Aufregung. Doch ich weiß, dass er recht hat. Also betrete ich mit meinem Schulranzen zum ersten Mal das Schulhaus und wiederhole dabei die Worte meines Vaters in meinem Kopf.

Ich strecke meinen Arm aus dem Autofenster und fühle den kalten Wind auf meiner Haut. Im Auto riecht es nach Aftershave und Minz-Tic-Tacs. Als ich von der schneebedeckten Landstraße nach links schaue, dreht mein Vater gerade das Radio laut und beginnt voller Gefühl mitzusingen: „She comes down from Yellow Mountain - On a dark, flat land she rides - On a pony she named Wildfire - With a whirlwind by her side - On a cold Nebraska night..."

„Das ist mein Lieblingslied", sagt er mit einem traurigen Lächeln und erzählt mir die Geschichte des Songs von Michael Martin Murphey. Es geht um eine Stute namens Wildfire, die in einer stürmischen Winternacht aus ihrem Stall ausbricht. Die Besitzerin stürmt in die eisige Finsternis und ruft nach ihrem geliebten Pferd. Voller Angst und Liebe kämpft sie gegen den Schnee und Wind an, doch am Ende erfriert sie in der gnadenlosen Kälte.

Ich höre meinem Vater gespannt zu, wie er die Geschichte erzählt, als wäre er selbst dabei gewesen. Danach schweigen wir, beide in Gedanken versunken. Doch am Ende drehen wir den Song auf und singen den Refrain zusammen: „She ran calling Wildfire - Calling Wildfire - Calling Wildfire."

Wir sitzen in einer sternenklaren Nacht am Lagerfeuer und lauschen dem Knistern der Flammen. Der Geruch von Tannenbäumen und feuchter Erde liegt in der Luft. Unsere Augen glühen im Licht des Feuers, als wir einander Geschichten erzählen. Da sind nur die Holzhütte auf dem Campingplatz, meine Schwester, mein Vater und ich. Und trotz der Mücken, die uns immer wieder stechen, ist der Moment perfekt. Vor dem Schlafengehen gehen wir noch einmal auf Nachtwanderung. Während unser Vater mit einer Taschenlampe vor uns läuft, bleiben meine

Schwester und ich dicht hinter ihm. Adrenalin fließt durch unsere Körper, unsere Sinne sind hellwach. Doch wir wissen, dass wir sicher sind und verschrecken mit unserem lauten Lachen ohnehin alle Wildtiere in der Nähe.

Wieder Stau. Ich sitze im Auto und tippe ungeduldig auf das Lenkrad. Der Kundentermin steht kurz bevor, doch ich befürchte, dass ich es nicht pünktlich schaffen werde. In solchen Augenblicken vermisse ich immer die Zeit, als ich mit meiner Familie in einer Kleinstadt wohnte. Seit ich mein Heimatland verlassen habe und in einer Metropole lebe, gehören zeitraubende Staus und Berufsstress zu meiner täglichen Routine. Stöhnend klicke ich durch die Radiosender und verharre, als ich eine vertraute Melodie und einen Text wiedererkenne: „On Wildfire we're gonna ride – Gonna leave sodbustin' behind – Get the hard times right on out of our minds – Riding Wildfire."

Pfotenspuren

Vorsichtig streue ich etwas Asche auf meine Hand und schaue zu dem Apfelbaum, durch dessen Zweige warme Sonnenstrahlen hindurchscheinen. Dann blicke ich auf den Wiesenhang mit seinen etlichen Wildblumen, mit dem ich so viele Geschichten und Gefühle verbinde. Mein Herz schlägt höher, als ich zuerst seine wedelnden Ohren, dann den Rest seines Körpers über dem Hang auftauchen sehe. Mit herausgestreckter Zunge und den Pfoten in der Luft rast er auf mich zu. Wie sehr ich diesen Anblick vermisst habe. Wie sehr mir der Geruch seines Felles fehlte, den andere immer als ekelig empfanden. Ich knie mich auf den Boden und öffne die Arme, um meinen geliebten Hund zu empfangen. Doch kurz bevor er mich erreicht, löst sich seine Gestalt in der Luft auf.

Meine Augen füllen sich mit Trauer, als der lähmende Schmerz sich erneut um mein Herz schlingt. Ich würde alles tun, um noch einmal sein Bellen, seine Pfotenschritte und seinen Herzschlag hören zu können. Ich erinnere mich noch an den Tag, an dem er als Welpe zum ersten Mal in unsere Wohnung herumtapste und auf wackligen Beinen jede Ecke seines neuen Zuhauses erkundete. Als er dann mit seinem warmen Kopf auf meinem Arm einschlief und leise zu schnarchen begann, wusste ich, dass er einen festen Teil meines Herzens eingenommen hatte. Im Geiste sehe ich ihn, wie er jeden Gast aufgeregt empfängt, indem er einen Schuh nach dem anderen wegträgt – und sich danach vor Freude im Kreis dreht. Er trieb mich oft in den Wahnsinn. Zum Beispiel als er Sachen fraß, die Hunde nicht fressen sollten. Oder als er fast angefahren wurde, weil er eine Hündin auf der anderen Straßenseite begrüßen wollte. Oder damals, als er mit seinem Kopf zum wiederholten Male gegen die Wand knallte, weil er seinen eigenen Schwanz jagte.

Auf der Urne ist ein Wald abgebildet, der durch die untergehende Sonne in ein sanftes orangefarbenes Licht getaucht ist. Er hatte besonders die Wälder geliebt. Ich beobachte, wie die Asche meines geliebten Hundes vom Wind auf die Wiese und Apfelbäume getragen wird. Hier war sein Lieblingsort, hier soll er ruhen. Ich schließe meine Augen und sehe ihn noch einmal vor mir. Nicht als kranken, alten Hund, sondern als jungen Rüden, in dessen Augen sich Leben und bedingungslose Liebe widerspiegelten.

Langsam trete ich den Heimweg an. Wie oft ich schon diesen Weg mit ihm gegangen bin. Nur diesmal läuft niemand neben mir her, der jede Pflanze inspiziert. Und wenn ich mich später ins Bett lege, werde ich kein ohrenbetäubendes Schnarchen aus dem Wohnzimmer hören. Und morgen, wenn ich von der Arbeit komme, werde ich sein ungeduldiges Gesicht nicht am Fenster warten sehen.

Er hat meine Welt mit mehr Farbe und Liebe gefüllt. Er ließ mich neue Seiten an mir entdecken. Und selbst wenn der Platz, an dem sein Körbchen stand, leer bleibt, weiß ich, dass er mich nie ganz verlassen wird. Tiere begleiten uns zwar nur einen kleinen Teil unseres Lebens, doch das, was sie uns schenken, hält ein Leben lang an.

Meeresflüstern

Der weiche Sand gibt unter meinen Füßen nach, während ich über den kristallklaren Ozean schaue. Eine leichte Brise weht mir salzige Meeresluft über die Lippen und lässt mich lächeln. Während ich dem sanften Rauschen der Wellen lausche, beobachte ich, wie das Sonnenlicht auf dem Wasser tanzt.

Plötzlich tippt mir mein Großvater auf die Schulter und deutet in der Ferne auf einen dunklen Fleck im Sand. Zuerst glaube ich, es handele sich um einen Stein, der von den Wellen an den Strand gespült wurde. Als ich genauer hinsehe, bemerke ich jedoch, dass er sich bewegt. Verwundert blicke ich in die Augen meines Großvaters, die hinter seiner Brille leuchten. „Was ist das?“, frage ich und blinzele gegen das Licht der untergehenden Sonne. Die Stimme meines Großvaters ist voller Faszination: „Eine Babyschildkröte.“

Aus sicherer Entfernung beobachten wir die Schildkröte, die sich mühsam ihren Weg zum Meeressaum bahnt. „Schau mal – da ist noch eine“, flüstert mein Großvater und zeigt auf eine weitere Schildkröte, die sich einige Meter weiter zum Meer bewegt.

„Sie haben drei Tage damit verbracht, sich aus ihrem Nest ans Tageslicht zu buddeln. Und nun steht ihnen die größte Herausforderung bevor“, erklärt mein Großvater weiter und hockt sich in den Sand. „Welche?“, frage ich, ohne meine Augen von den Reptilien zu lösen. „Noch rund 40 Meter liegen vor ihnen – eine Strecke, die ihr Ende bedeuten kann. Kojoten, Krabben und Vögel lauern überall und warten nur darauf, sich auf sie zu stürzen.“

Mein Großvater richtet den Blick zum Himmel und zeigt mit seinem knochigen Finger auf eine Möwe, deren dunkler Schatten über uns hinweggleitet. Ich schlucke und schaue besorgt zu den Babyschildkröten. „Können wir ihnen helfen?“ Großvaters Augen wurden ernst, als er mich direkt anblickt. „Gerade ihre Angst ist ihr Antrieb, jedes Hindernis zu überwinden und nicht anzuhalten. Erst, wenn sie das Meer erreichen, sind sie in Sicherheit und bereit, sich weiteren Herausforderungen zu stellen. Schildkröten sind bekannt für ihre bedächtige Art und ihre Fähigkeit, sich an jedes Klima und jede Lebensweise anzupassen." Großvater steht auf und zwinkert mir zu. „Aber ein wenig Unterstützung kann nie schaden. Die beiden haben großes Glück."

Die Möwe kreiste bereits gefährlich nah über den kleinen Reptilien, als wir die erste Schildkröte erreichen. „Du trägst die ins Meer und ich die andere, okay?" Ich nicke und knie mich in den Sand, um die Schildkröte vorsichtig in meine Hände zu legen. In den blanken Augen des Reptils spiegelt sich eine unbekannte Welt, die ihr zwar Angst einjagt, aber nur darauf wartet, entdeckt zu werden. Nun verstehe ich die Faszination, die das Meer und seine Bewohner auf meinen Großvater ausüben. Es gibt sicher vieles, was man von ihnen noch lernen kann. Und als ich das Ufer erreiche und kaltes Meerwasser meine Füße umspült, erkenne auch ich mich in den Augen des kleinen Reptils wieder.

Liebes Tagebuch

Liebes Tagebuch, heute waren meine Freunde und ich auf dem Stadtfest. Anfangs war es lustig, doch dann ging es bergab. Wir trafen ein paar alte Freunde von Franz, die mir sofort unsympathisch waren. Sie rochen nach Bier und brüllten herum. Ich sagte meiner besten Freundin Sarah, dass ich mich unwohl fühle, doch sie verstand mein Problem nicht. Schließlich bin ich nachts allein nach Hause gelaufen. Niemand hat mich gefragt, ob ich gut angekommen bin ... Gestern habe ich mich mit meiner Tante über ein Buch von ihr unterhalten. Ein Satz ist mir besonders im Gedächtnis geblieben: „Du bist der Durchschnitt der fünf Menschen, mit denen du die meiste Zeit verbringst.“ Wer sind diese fünf Menschen in meinem Leben?

Liebes Tagebuch, sie hat ihn wirklich geküsst! Meine Freunde waren auf dieser Party. Als ich nachkam, sah ich, wie sie miteinander tanzten und sich küssten. Ausgerechnet meine beste Freundin und der Junge, in den ich verliebt bin. Ich war so verletzt. So wütend. Ich konnte kaum noch atmen. Als ich Sarah darauf ansprach, reagierte sie kalt und distanziert. Sie versuchte sogar, die Schuld auf mich zu schieben und behauptete, dass ich ihr in letzter Zeit nicht genug Aufmerksamkeit geschenkt habe und sie sich allein gefühlt hat. Als ich weinend aus dem Club rannte, war es meinen Freunden egal. Und wieder muss ich an das Buch meiner Tante denken.

Liebes Tagebuch, in den vergangenen Monaten hat sich viel geändert. Nach dem ganzen Drama brauchte ich erst einmal Abstand von der Gruppe. Obwohl ich mich mit Sarah versöhnt habe, nagt der Streit noch immer an mir. Und auch die oberflächlichen Treffen und Gespräche haben mich in letzter Zeit heruntergezogen und ausgelaugt. Daher versuche ich mich momentan mehr auf neue Projekte und Menschen zu konzentrieren. Außerdem lese ich mehr – auch das Buch meiner Tante. Anstatt den Silvesterabend wie gewohnt mit den üblichen Leuten zu verbringen, habe ich mich diesmal einer neuen Gruppe angeschlossen. Es fühlt sich befreiend an, Zeit mit Menschen zu verbringen, mit denen ich über meine Gefühle, Ziele und Wünsche reden kann, ohne mich dabei komisch oder nicht ernst genommen zu fühlen.

Liebes Tagebuch, gestern, als ich mit meinen

neuen Freunden auf einem Dach saß und den Sonnenaufgang beobachtete, bekam ich eine wütende Nachricht von Sarah, in der sie mir vorwarf, eine schlechte Freundin gewesen zu sein. Für einen kurzen Moment fühlte ich mich schuldig. Doch dann legte ich mein Handy weg und schüttelte den Kopf. Dank meiner jetzigen Freunde erkenne ich, was wahre Freundschaft bedeutet. Bei ihnen kann ich ganz ich selbst sein, mich fallen lassen und wohl dabei fühlen. Sie helfen mir, mich selbst zu reflektieren und zu wachsen. Ich weiß, dass ich mich auf sie verlassen kann und wir einander zuhören und unterstützen, egal was passiert. Nach all den Jahren ungesunder Beziehungen bin ich unendlich dankbar, nun die wahre Bedeutung von Freundschaft erkannt zu haben.

Geisterpark

Ich liege mit dem Kopf auf seinem Schoß auf der alten, morschen Bank. Er hält meine Hand, während ich langsam wieder nüchtern werde. Es ist das erste Mal, dass ich Alkohol getrunken habe – und das erste Mal, dass ich einem anderen Menschen so nah bin. Ich atme die kalte Luft ein, die sich mit seinem Parfum vermischt hat. Und obwohl ich dieses Gefühl vorher nicht kannte, fühlt es sich vertraut an. In einem Moment der Stille in der Dunkelheit seines Zimmers küssen wir uns zum ersten Mal – und dann die ganze Nacht. Ab diesem Zeitpunkt verstehe ich, wieso sich verliebte Menschen so gerne küssen.

Unter den Straßenlaternen glitzern etliche Schneeflocken. Er zieht an seiner Zigarette, pustet den Rauch in die Luft. Ich zittere, er lacht mit seinen Freunden. Und obwohl ich diesen Ort schon lange satthabe, finde ich mich jedes Mal wieder hier. Nicht wegen des Parks, nicht wegen der viel zu oberflächlichen Menschen, sondern seinetwegen. Damit wir am Ende in seinem Zimmer bis fünf Uhr wach bleiben, uns stundenlang küssen, über belanglose Dinge reden und uns lachend durch das Fernseh-Nachtprogramm klicken. Nur um dann am nächsten Morgen meinen Kopf an das Busfenster zu lehnen und die Nacht Revue passieren zu lassen.

Doch eines Tages finde ich mich nicht mehr auf seinem Schoß oder in seinem Zimmer wieder. Stattdessen liege ich kraftlos in meinem Bett und klicke durch das Fernsehprogramm, doch nichts lenkt mich ab. Meine Mutter klopft und fragt, ob sie etwas für mich tun kann. Aber es gibt kein Medikament, das das, was in mir kaputt ist, heilen kann. Ich kämpfe mich in die Küche, meine Augen vom Weinen geschwollen. Ausgerechnet in diesem Moment läuft ein Song, der mich wieder erinnert. Sofort breche ich zusammen. Ab diesem Zeitpunkt verstehe ich, wovon Menschen mit „gebrochenen Herzen" sprechen.

Die Wochen danach versuche ich, die Leere in meinem Herzen mit Schule, Treffen mit Freunden und ewigem Schwelgen in Erinnerungen zu füllen. Aber mit jedem weiteren gut gemeinten Spruch versinke ich ein Stück tiefer in einem Meer der Hoffnungslosigkeit. Und wenn ich nach einem halbwegs guten Tag im Bett liege, ist mein einziger Wunsch, die Vergangenheit wieder in die Gegenwart holen zu können.

Doch trotz der Hilflosigkeit und der vielen verweinten, schlaflosen Nächte kamen die Tage, an denen ich mich nicht mehr bewusst zwang, zu vergessen. Wenn ich jetzt an dem Park vorbeifahre, in dem die alte Bank steht, spielt sich der Film in meinem Kopf erneut ab. Die erste Liebe ist oft aufregend und schmerzhaft zugleich, doch sie brachte mich dazu, mich selbst zu hinterfragen und Abschied von etwas zu nehmen, das mir wichtig war. Sie wird immer ein Teil von mir sein und mich daran erinnern, wer ich war und wer ich nun bin. Es ist ein Geschenk, jemanden zu treffen, der einen tiefgreifend berührt. Und es ist umso wertvoller, wenn man sich eines Tages wieder für sich selbst entscheidet, statt Geistergefühlen und Erinnerungen nachzujagen, die das Herz verschließen.

Realitäten

Alles war laut. Viel zu laut. Ich wollte schreien. So laut, dass ich nur noch mich selbst hören konnte. So lange, bis endlich Stille einkehrte. Die Leute um mich herum lachten. So grässlich und laut, dass meine Ohren schmerzten. Trotzdem schienen meine Freunde irgendwie Spaß zu haben. Wie konnten sie sich so amüsieren? An einem so grauenvollen Ort und bei so schlechter Musik? Ich hasste es, wie sich alle zu diesen peinlichen Beats bewegten und dabei aussahen, als würden sie sich selbst nicht ernst nehmen. Es war eine dumme Idee gewesen, spontan hier aufzutauchen, um „mal etwas Neues zu erleben". Auch die Getränke waren teuer und schmeckten scheußlich. Das Geld, das ich für den Eintritt und die Getränke ausgegeben hatte, hätte ich besser sparen sollen. Eine Frau stolperte und stützte sich erschrocken an mir ab. Mein Glas mit dem Whisky, das meine einzige Rettung heute sein sollte, fiel zu Boden. Mein Blick war tödlich, als ich die junge Frau anfunkelte. „Pass gefälligst auf!" Verärgert und schlecht gelaunt verließ ich die Party und schrieb meinen Freunden eine Nachricht. So schnell würde ich mich nicht mehr von ihnen überreden lassen, mitzukommen.

Alles war laut. Zahlreiche neue Gesichter umgaben mich. Ich liebte die ausgelassene Stimmung, die das Zimmer erfüllte, auch wenn die Musik nicht ganz meinem Geschmack entsprach. Lauthals sang ich mit, obwohl ich den Songtext nicht kannte, gab mich dem Moment vollkommen hin. Meine Freunde waren neben mir, sangen schief und bewegten die Füße und Arme im Takt der Musik. Ich musste lächeln. Wie sehr ich es genoss, Menschen glücklich zu sehen. Vor allem die Menschen, die mir etwas bedeuteten. Natürlich sah ich auch die Dinge, die nicht perfekt waren. Jedoch versuchte ich sie als Gelegenheit zu sehen, die Party noch besser zu machen. Die Getränke waren nicht besonders gut und ich hatte das Gefühl, dass mein Geld besser in anderen Dingen investiert wäre. Aber ich beschloss, das Beste aus der Situation zu machen. So organisierte ich einen witzigen Nachtspaziergang zur Tankstelle, um Biernachschub zu holen und motivierte die Leute zu einem Karaoke-Duell. Wir tanzten zu trashigen Popsongs, bis die Sonne aufging. Was für ein Abend. Und all das nur, weil ich mir vorgenommen hatte, das Leben etwas leichter zu nehmen.

Es ist erstaunlich, wie unterschiedlich Menschen die Welt wahrnehmen können. Es gibt keine objektive Wahrheit: Wir alle haben unser eigenes Set an Erfahrungen, unsere eigene Persönlichkeit und Werte, die beeinflussen, wie wir die Dinge sehen und bewerten. Allerdings können wir unsere eigene Sichtweise erweitern, indem wir offen für neue Betrachtungsweisen sind.

Es existieren so viele Realitäten und Sichtweisen, wie es Menschen auf der Welt gibt. Was für ein Glück wir haben, uns jedes Mal neu entscheiden zu dürfen, welche unsere ist und welche Erinnerungen wir kreieren wollen.

Halbherzig

Wir sitzen in einer Spätsommernacht auf der gepflegten Terrasse und beobachten, wie die Sonne langsam hinter der Stadtsilhouette verschwindet. Ich nehme einen Schluck von meinem Wein, der durch die Hitze allerdings warm und abgestanden schmeckt. Und obwohl der Moment von außen betrachtet perfekt scheint, fühle ich mich unvollständig.

Meine Gedanken wollen mich immer wieder aus dem gegenwärtigen Moment entführen. Trotz der vielen Menschen um mich herum, fühle ich mich allein. Meine viel zu enge Hose reibt unangenehm an meinen Beinen, doch zumindest sieht sie schick aus und passt zum Geschäftsessen. Die schwere Kette um meinen Hals fühlt sich wie ein Anker an, der mich jeden Moment zu Boden reißen könnte. Die Gesprächsthemen der anderen interessieren mich nur halbwegs, die Aussicht, von der alle schwärmen, löst in mir nichts als Gleichgültigkeit aus. Meine Begleitung drückt unter dem Tisch fordernd meine Hand und fragt mich, was denn schon wieder nicht stimme. Doch wie soll ich eine Frage beantworten, deren Antwort ich selbst nicht kenne? Ich öffne den Mund, doch meine Stimmbänder lassen mich im Stich. Der genervte Blick, die zusammengekniffenen Lippen und das Kopfschütteln verrät mir, dass keine Antwort auch die falsche war.

Als ich aufstehe, um zur Toilette des 5-Sterne-Restaurants zu gehen, verschwimmen der Raum und die Menschen vor meinen Augen. Niemand schaut mich an, so als wäre ich ein Geist, der in seinem Nachleben die Gespräche fremder Menschen belauscht und vergeblich nach dem Sinn dahinter sucht.

Ich wanke zum Spiegel und blicke in ein müdes, bleiches Gesicht. Mit den Händen fahre ich über meine stumpfen Haare und die kalten Wangen – und erkenne mich selbst nicht wieder. In diesem Moment bricht der Damm und ich schreie mit Tränen in den Augen mein Spiegelbild an. Alles, was ich mit aller Macht versucht habe, zurückzuhalten, drängt sich an die Oberfläche. Meine Begleitung betritt das Zimmer, sieht mich entgeistert an und wirft mir vor, ich würde übertreiben. Doch zum ersten Mal höre ich nicht hin und sehe weiter in den Spiegel – blicke zu mir, höre nur auf mich.

Menschen, die keinen Zugang zu ihrer Gefühlswelt haben, können auch nicht gut mit den Gefühlen anderer umgehen. Lange dachte ich, dass das Gefühl von Leere bedeutet, dass ich keine Gefühle mehr habe. Heute weiß ich, dass es manchmal ein Zeichen dafür ist, dass ich viel fühle, aber nicht alles verarbeiten kann. Meine Angst, anderen nicht zu gefallen oder sie zu enttäuschen, war mein innerer Widerstand – und mein letzter Versuch, die Kontrolle zu behalten. Dazu kam die lähmende Angst davor, dass das, was ich fühle, zu mächtig ist und mich überwältigen könnte. Unangenehme Gefühle sagen mir etwas, das ich nicht hören will, aber muss. Ich habe mich lange gefragt, ob ich je wieder in der Lage sein werde, intensiv zu fühlen. Bis zu dem Moment, an dem ich beschloss, den Gefühlen, die ich am stärksten zu unterdrücken versuche, zuzuhören und sie als Wegweiser anzusehen.

Fremde Augen

Lärm von etlichen Menschen und Attraktionen füllte den Festplatz. Es war lange her, dass ich ihn das letzte Mal betreten hatte. Mit meinem Bruder und meinem Sohn an der Hand schlenderte ich durch das Stadtfest, unzählige fremde Gesichter und Stimmen umgaben mich. Eine Gruppe von Jugendlichen stand wild diskutierend vor einem Schießstand und wettete darum, wer die meisten Treffer erzielen würde. Ein Schmunzeln breitete sich in meinem Gesicht aus, als ich daran dachte, dass auch meine Freunde und ich früher dort gestanden hatten.

Mein Sohn zog aufgeregt an meiner Jacke und deutete auf das Kinderkarussell. Als ich dabei zusah, wie mein Bruder meinen Sohn in das Feuerwehrauto setzte, nahm ich hinter mir eine vertraute Stimme wahr. In diesem Augenblick verstummten alle anderen Geräusche. Als ich mich umdrehte, sah ich sie wieder. Ihr Körper und ihre langen Haare sahen von hinten noch genauso aus wie damals. Verstaubte Erinnerungen überfluteten mich. Ich sah, wie wir uns nachts aus dem Haus schlichen, um danach doch nach zehn Minuten verängstigt zurückzurennen. Ich erinnerte mich an die vielen Geburtstagsfeiern, an die Schwimmhallenbesuche und Tanzeinlagen, wie wir einander Geheimnisse anvertrauten und uns mit Filmen und Süßigkeiten über Liebeskummer hinweghalfen. Und ich erinnerte mich daran, wie wir erwachsen wurden und sich unsere Leben fast unmerklich immer weiter voneinander unterschieden. Wir sahen uns seltener und die Gespräche wurden weniger tiefgründig. Die gemeinsamen Erinnerungen verblassten und irgendwann fühlte es sich an, als hätten wir kaum noch etwas gemeinsam.

Ohne zu zögern, lief ich zu ihr und berührte sie an der Schulter. Als sich meine alte Freundin umdrehte, blitzten ihre Augen überrascht auf und ein Lächeln umspielte ihre Lippen. Doch ich bemerkte sofort, dass sie mich nicht mehr so ansah, wie sie es früher getan hatte. Es folgte ein kurzer Smalltalk und eine flüchtige Verabschiedung. Dies waren nicht mehr die vertrauten Augen einer Freundin, sondern die einer höflichen Fremden.

Es tut weh, wenn geliebte Menschen wieder zu Fremden werden. Es ist seltsam, wie wir lernen, ohne sie zu leben und sie durch neue Personen austauschen. Doch was bedeutet es, wenn Freunde wieder zu Fremden werden? Obwohl man nicht mehr Teil ihres Lebens ist, hört man nie auf, sie wirklich zu kennen. Wir wissen von ihren früheren Ängsten, Träumen und Macken. Wir kennen alle ihre Gesichtszüge und den Klang ihres Lachens. Und obwohl wir nicht vergessen, was uns dieser Mensch einmal bedeutet hat, müssen wir ihn manchmal wieder freilassen.

Wir alle haben unsere eigene kleine Welt erschaffen, die sich manchmal für eine Zeit mit der einer anderer überschneidet und dadurch verändert wird. Am Anfang sind wir alle fremd füreinander, aber wir wissen selten, wer am Ende wieder ein Fremder für uns sein wird. Wir wissen nicht, wessen Blick wir eines Tages vielleicht ausweichen oder nur kurz erwidern, statt ihn zu suchen.

Wartebank des Glücks

Wie aus dem Nichts tauchte ein Reh aus dem Nebel auf und starrte auf den Straßenasphalt. Es war das dritte Mal in Folge, dass ich eins sah – und wieder verspürte ich das unbegreifliche Ziehen in meiner Brust. Dass mein Büro direkt an einen Wald grenzte, war Fluch und Segen zugleich. Es war schwer, sich auf die Arbeit zu konzentrieren, wenn mich die Geheimnisse des Waldes immer wieder in den Bann ziehen wollten.

Seufzend stützte ich meinen Kopf auf der Hand ab und starrte meinen Arbeitscomputer an. Die Luft war schwer und stickig. Das Klackern von Tastaturen und roboterhafte Stimmen telefonierender Menschen erfüllten das Zimmer. „Haben Sie die Mail an Mr. Williams rausgeschickt? Wir benötigen schnellstmöglich die fehlenden Dokumente für die Kampagne.“

Als ich die Stimme meines Chefs hörte, schreckte ich hoch. Mein Chef sah auf meinem Bildschirm, der anstatt des E-Mail-Postfachs eine Infoseite über den Yosemite-Nationalpark zeigte. Schnell schloss ich den Tab und kniff beschämt die Augen zusammen. „Interessant. Ihre Aufgaben als unsere Managerin sind vielfältiger, als ich dachte." Er warf mir einen warnenden Blick zu und wandte sich wieder ab. An der Zimmertür blieb er stehen und drehte sich zu mir um. Ein kühles Lächeln zog sich durch sein knittriges Gesicht: „Übrigens, in echt ist der Nationalpark viel schöner als auf den Bildern, die sie gerade angeschmachtet haben." Mit diesen Worten verließ er den Raum und zog die Tür hinter sich zu. Ein Blick um mich herum bestätigte mir, was ich bereits geahnt hatte: Alle Augen waren auf mich gerichtet und leises Gelächter schallte durch den Raum. Mit rotem Kopf öffnete ich das Mail-Postfach. Wie sehr ich diesen Job und die Menschen hier satthatte. Wenn endlich Wochenende war, konnte ich mich wieder den Dingen widmen, die mich interessierten. Und eines Tages würde ich finanziell und mental dazu bereit sein, meinem Chef die Kündigung auf den Tisch zu legen.

Nachdem ich um sieben Uhr endlich das Büro verlassen konnte, schlenderte ich zu meinem Wagen am Waldrand. Die Bäume rauschten leicht im Wind, als würden sie mir etwas zuflüstern wollen. „Wenn ich eines Tages wieder mehr Zeit habe, dann werde ich zelten gehen“, versprach ich mir. In wenigen Augenblicken würde ich meine Wohnung betreten, die nach all den Monaten immer noch neu und frisch duftete und lediglich mit dem Nötigsten ausgestattet war. Wie immer würde ich mir noch eine Serie anschauen und schlaflos an die Decke starren. Und wieder würde sich die gleiche Frage in meinen Kopf schleichen: War das wirklich das richtige Leben für mich?

Wir haben eine Wenn-dann-Denkweise verinnerlicht. Oft glauben wir, dass wir erst dann glücklich sind, wenn bestimmte Bedingungen erfüllt sind. Aber was ist, wenn es genau andersherum der Fall ist? Wenn wir beginnen, unser Glück im Innen zu suchen, dann verändern sich die Dinge. Dann haben wir genug Mut und Selbstvertrauen, neue Schritte zu wagen. Dann werden sich auch die äußeren Umstände fügen.

Verborgener Kompass

Trotz der strikten Anweisung, nicht allein durch die afrikanische Savanne zu wandern, habe ich mich aus dem Lager geschlichen. Meine Neugier, die wilden Tiere in ihrem natürlichen Lebensraum hautnah zu erleben, hatte über meine Vernunft gesiegt. Langsam folge ich der Jeepspur im Sand, die sich durch das Grasland schlängelt. Die Luft ist warm und trocken, der Himmel klar und weit.

Fasziniert beobachte ich die Landschaft um mich herum. Die hohen Gräser und Bäume scheinen sich endlos zu erstrecken und ich fühle mich winzig im Vergleich zu dieser wilden, unberührten Natur. Plötzlich bemerke ich eine Bewegung in den Büschen vor mir. Erschrocken halte ich den Atem an und sehe, wie sich eine Leopardin langsam und anmutig aus dem Gebüsch schält.

Obwohl sich mein ganzer Körper anspannt, kann ich nicht anders, als sie anzustarren. Das hier ist keine Tierdokumentation – das hier ist echt. Das goldene, schwarz betupfte Fell der Leopardin glänzt im Sonnenlicht und sie bewegt sich mit einer solchen Anmut und Eleganz, dass ich wie erstarrt zusehe. Dann dreht sie ihren Kopf langsam zu mir und sieht mich direkt an.

Eine Angst, wie ich sie noch nie zuvor hatte, überkommt mich, als sie sich schleichend auf mich zubewegt. Kurz vor mir bleibt sie stehen. Auge in Auge stehen die Leopardin und ich uns gegenüber. Ihre bernsteinfarbenen Augen fixieren mich. Die langen Tasthaare zucken unsicher, als würde sie abwägen, ob sie angreifen oder flüchten soll. Meine Beinmuskeln sind bereit, wegzulaufen, Adrenalin rauscht durch meinen Körper. Mit einem Mal erwacht etwas in mir, das ich schon lange nicht mehr in meiner Zementstadt gefühlt habe. Trotz meines Zitterns zwinge ich mich, tief ein- und auszuatmen. Normalerweise würden sich nun Worst-Case-Szenarien in meinem Kopf abspielen, doch in der Wildnis werden andere Kräfte in mir frei. Stattdessen erfüllt mich auf einmal eine tiefe Ruhe und ich spüre, dass ich mich nicht bewegen, sondern stillhalten soll. Ich versuche meiner inneren Stimme zu vertrauen.

Die Leopardin sieht mich weiterhin an. Doch ich finde keine Aggression in ihrem Blick, sondern nur eine Mischung aus Unsicherheit und Neugier. Nach ein paar Herzschlägen entschließt sie sich schließlich dazu, die Flucht zu ergreifen und verschwindet wieder im Gebüsch. Tief durchatmend, danke ich meiner Intuition für die Rettung und kehre so schnell ich kann zum Campinglager zurück.

In unserem hektischen Alltag ist es manchmal schwierig, unserem Bauchgefühl zu vertrauen und ihm zuzuhören. Doch wenn wir uns die Zeit nehmen, innezuhalten und unserem inneren Kompass wieder Beachtung schenken, können wir uns selbst und unsere Bedürfnisse besser verstehen und Entscheidungen treffen, die uns auf den richtigen Weg führen. Oft wissen wir tief in unserem Innern bereits, was das Richtige für uns ist, selbst wenn es nicht immer sofort logisch, leicht oder ersichtlich erscheint.

Zeitsee

Es gibt einen Ort, an dem ich immer wieder gerne zurückkehre, wenn mir die Welt zu laut und hektisch wird. Es handelt sich um einen kleinen versteckten See mitten im Wald, den ich bei einem Spaziergang mit meinem Hund entdeckt habe. Ich liebe die Ruhe und die Stille, die dieser Ort mit seiner unberührten, rauen Schönheit ausstrahlt. Der See hat für mich schon immer etwas Magisches. Dinge, die auf mir lasten, scheinen sich zu lösen, wenn ich am Ufer entlangschlendere und die kühle Brise auf meiner Haut spüre. Es ist, als wäre ich in einer anderen Welt, weit weg von all dem Stress und den Problemen.

Als ich mich eines Tages wieder an dem See wiederfinde, entdecke ich plötzlich einen alten Mann, der auf einer morschen Bank in der Nähe sitzt und nachdenklich lächelt. Es passiert selten, dass ich hier einer Menschenseele begegne. Also laufe ich zu ihm herüber und frage den Mann, wie es ihm geht. Er deutet auf den Platz neben sich und lädt mich ein, mich neben ihn zu setzen.

„Mindestens einmal im Jahr komme ich an diesen See“, beginnt der alte Mann zu erzählen. „Es ist ein Ort, an dem ich mich immer geborgen gefühlt habe. Er erinnert mich an meine Kindheit und an die Menschen, die ich damals noch in meinem Leben hatte. Als Kind bin ich hier oft mit meiner Familie gewesen.“ Der Mann blickt in die Ferne. „Doch nun bin ich seit Jahren allein und manchmal fühlt es sich so an, als wäre auch ein Teil von mir gegangen. Aber wenn ich hier bin, erinnere ich mich wieder, dass ich niemals wirklich allein bin. Ich habe vieles im Leben gelernt und ich weiß, dass die Einsamkeit ein Teil davon ist. Der See erinnert mich jedoch an die Menschen, die mein Leben lebenswert gemacht haben. Wenn ich hier bin, fühle ich mich ihnen wieder nah. Ich höre uns lachen, sehe meinen Bruder und mich Frösche fangen und meinen Vater beim Angeln.“

Ich blicke in seine grauen Augen, die vom jahrelangen Sehen müde aussehen, aber voller Liebe und Weisheit strahlen. „Auch ich finde an diesem Ort immer wieder Halt, wenn ich das Gefühl habe, mich selbst zu verlieren“, gebe ich zu. „Manchmal fühle ich mich in dieser schnelllebigen Welt wie ein Außenseiter. Als wäre ich der

Einzige, der nicht mitkommt."

Ein verständnisvolles Lächeln umspielt die faltigen Wangen des alten Mannes, als er antwortet: „Dieser Ort hilft mir, die Dinge in einer Perspektive zu sehen, die mich daran erinnert, dass das Leben so viel mehr ist als nur die Momente, die wir erleben. Es geht um die Verbindungen und Beziehungen, die wir zu anderen und zu der Umwelt aufbauen." Dann spricht er über die Macht der Stille, der Liebe und die Bedeutung von Freundschaft und Familie. Er ermutigt mich, meine Träume zu verfolgen und an mich selbst zu glauben.

Ich höre ihm zu und spüre, wie seine Worte etwas in mir auslösen. In ihnen war so viel Weisheit und ich bin dankbar, dass ich die Gelegenheit hatte, mit ihm zu sprechen. Die Begegnung mit dem alten Mann hat mich tief berührt und ich weiß, dass mich die Magie seiner Worte und des Ortes immer begleiten würden.

Erinnerungsgewitter

„Es war ein kalter Winterabend, als ich auf dem Fensterbrett saß und auf die schneebedeckte, schwach beleuchtete Straße sah. Der Schnee tanzte wild in der Luft – genauso wie meine Gedanken. Ich hatte gerade aufgehört, alte Fotoalben durchzusehen und mich in alten Erinnerungen verloren. Es waren Seiten voller Bilder aus meiner Kindheit und Jugend. Fotos von meiner Schwester und mir mit unserem damaligen Familienhund, Urlauben im Wald, alte Liebesbriefe und verrückte Fotoshootings mit meiner besten Freundin. Ich sah Momentaufnahmen von den zahlreichen liebevoll organisierten Geburtstagen und den vielen selbstgebackenen Kuchen meiner Oma. Aber mit den Fotos tauchten auch andere Erinnerungen auf. Ich dachte an die Verluste geliebter Menschen und Tiere und wie verloren ich mich gefühlt habe, als sich meine Welt ohne sie weiterdrehen musste. Doch auch diese Erinnerungen waren wertvoll. Sie hatten mich geformt, gestärkt und mir unendlich viel beigebracht. Und ich wusste, dass sie es auch weiterhin tun werden.“

Sie lassen uns schlaflos im Bett liegen und haben die Macht, schöne Tage besser und traurige leichter zu machen. Sie sind der Grund für unser Herzklopfen, wenn wir an einem bestimmten Ort vorbeifahren, einen Geruch wahrnehmen und Bilder ansehen. Sie sind stark genug, um verschlossene Herzen zu öffnen und gebrochene zu heilen. Sie sind Geschenke, die ewig verweilen. Aber sie sind nicht nur Segen. Sie können uns ebenso zutiefst verunsichern, quälen und uns den Boden unter den Füßen wegreißen. Sie können der Grund sein, wieso wir uns in einer Menschenmasse trotzdem einsam fühlen und unser Herz verschließen.

Erinnerungen sind wie Geister, die uns immer wieder heimsuchen, in unseren Träumen auftauchen und uns plötzlich in Gedanken überfallen, wenn wir damit nicht rechnen. Oft passiert es, dass wir schmerzhafte Erinnerungen versuchen zu verdrängen, sie tief in unserem Inneren vergraben. In der Hoffnung, dass sie irgendwann für immer verschwinden werden. Aber das tun sie nie wirklich – sie lauern immer noch da. Tief vergraben. Stets bereit, in einem unachtsamen Moment wieder aufzutauchen. Bereit, uns zu verfolgen.

Doch auch wenn einige Erinnerungen schmerzhaft sind, so sind sie dennoch ein wichtiger Teil von uns. Sie haben uns zu dem Menschen geformt, der wir heute sind. Sie bleiben, wenn alles andere vergeht. Sie sind der Beweis, dass wir geweint, gelacht, geliebt und gelebt haben. Sie sind das, was uns ausmacht, auch wenn sie manchmal wehtun. Denn ohne sie wären wir nicht lebendig. Wären nicht wir. Wären nicht menschlich.

Mikayla Weiland

Mikayla wurde im Jahr 2000 in Grapevine, Texas geboren und wuchs als Deutsch-Amerikanerin zweisprachig auf. Bereits in ihrer Kindheit entdeckte sie die Leidenschaft, ihre Ideen und Gedanken durch das Schreiben lebendig werden zu lassen. Derzeit lebt Mikayla in der Nähe von Dresden und arbeitet als freie Texterin.

Mikayla Weiland schreibt auf

www.story.one

schreib's auf
story.one

Faszination Buch neu erfunden

Viele Menschen hegen den geheimen Wunsch, einmal ihr eigenes Buch zu veröffentlichen. Bisher konnten sich nur wenige Auserwählte diesen Traum erfüllen. Gerade mal 1 Million Autoren gibt es heute – das sind nur 0,0013% der Weltbevölkerung.

Wie publiziert man ein eigenes story.one Buch? Alles, was benötigt wird, ist ein (kostenloser) Account auf story.one. Ein Buch besteht aus zumindest 12 Geschichten, die auf story.one veröffentlicht und dann mit wenigen Clicks angeordnet werden. Und durch eine individuelle ISBN kann jedes Buch dann weltweit bestellt werden.

Jede lange Reise beginnt mit dem ersten Schritt – und dein Buch mit einer ersten Story.

Wo aus Geschichten Bücher werden.

#storyone #livetotell